NUMBER 241

THE ENGLISH EXPERIENCE

ITS RECORD IN EARLY PRINTED BOOKS
PUBLISHED IN FACSIMILE

CHRISTINE DU CASTEL

THE MORALE PROUERBES
OF CHRISTYNE

1478

Pisan

~
093
P67m

DA CAPO PRESS
THEATRVM ORBIS TERRARVM LTD.
AMSTERDAM 1970 NEW YORK

The publishers acknowledge their gratitude
to the Governors of the John Rylands Library
Manchester, M3 3EH
for their permission to reproduce
the Library's copy.
(Shelfmark: 12025 Inc. 23.c.12.)

S.T.C.No.7273
Collation: 4 unsigned leaves

Published in 1970 by
Theatrum Orbis Terrarum Ltd.,
O.Z. Voorburgwal 85, Amsterdam

&

Da Capo Press
- a division of Plenum Publishing Corporation -
227 West 17th Street, New York, 10011
Printed in the Netherlands
ISBN 90 221 0241 6

The morale prouerbes of Cristyne

T   He grete vertus of oure elders notable
Ofte to remembre is thing profitable
An happy hous is. Where dwelleth prudence
For where she is raison is in presence
A temperat man cold from hast asseured
May not lightly long saison be miseured
Constante couraigis in sapience formed
Wole in noo wise to vicis be conformed
Where nys Justice /that lande nor that coutre
May not long regne in gode prosperite
Withouten faith may there noo creature
Be vnto god plaisant. as saith scripture
Propre worldly and to god acceptable
Can noman be. but he be charitable
Hope kepeth not promys in any wise
Yet in this world hit guideth many a wise
In grete estat ligth not the gloire
But in vertu whiche worth is memoire
A cruell prynce gronded in auarice
Shulde his peuple not truste. if he be wise
Purpyng in tyme and wisely to refreigne
Maketh oon welthy & in estat to reigne
Now preyse now blame comunely by chance
Shewth folye and noo maniere constance
A prynas court withoute a gouuerneur
Beyng prudent can not leste in honeur

Grete diligence with a goode Remembrance
Dooth aman ofte to hygh honneur auance
A fool can preyse nought for lak of Raison
And the wise man hath noo presumpcion
A mighty prynce that wole here his consaille
Paciently/to prospere can not faille
He is prudent/that maketh puruepance
For thing to come bifore er falle the chance
Aman in pride fixed with hert and mynde
Casteth noo drede/yet woo soone doth him finde
That lande hath hap · wherof the lord or kyng
Is sad z trewe/and vseth goode lyuyng
Lightly to here z to loue flaterye
Gendreth errour z werre doth multiplye
Wise is not he · that weneth to be sure
Of his estat/though he haue hit in vre
In souffisance of this worldis richesse
Is surer Reste than in the grete largesse
To hante vertus and vicis to kannysshe
Maketh aman wise/z godly to fynysshe
A benigne prince of gode condicions
Draweth many oon to his opinions
He is happy that can exemple take
Of his neighburgh seing him sorwes make
Wisdam thay lakke/that fortune do not drede
For many awight to trouble doth she lede
Muche to enquire is noo thing profitable
Nor for to be greetly entermettable

To muche trustyng hath hindred many a man
Soo hath benyng, that wel deserue oon can
A bailing man is for alier knawe
Vnnethe hath truste, though he telle a sooth sawe
He is wise, that his Ire can restreigne
And m angre his tongue also refreigne
He, that is fed & hath his bertis luste
What peigne the hungry hath, he wole not truste
Falsehed is not to cautele soo applied
But by some folkis somtyme hit is aspied
His Renon shal be good & long lastyng
That hath the fame of trouthe in his delyng
Ful greet peigne is to change condition
After, that aige hath oon in hire bandon
Whoo wole hym self to greet estat enhance
Muste byfore be acqueinted with suffrance
Faueur gileth, and many a tyme hit tourneth
The Right to wrong, & wrong to right retourneth
Oon aughte to werke, whil he hath liberte
For saison lost can not Recouured be
To muche to thinke or elles hauyng noo thought
Maketh oon forgete suche thyng, as he ne ought
An aiged man withouten wit or connyng
Is a vessel, that vertu is lakkyng
He, that secheth often other to blame
Yiueth right cause to here of him the same
Trewe gentillesse can be noon other thing
But the palais where honour is dwellyng

Hppy he is/that can dispose his lyff
Justly in trouthe Without enuye or stryff
Lightly is borne ful many an heuy charge
By pacience/and conquered at large
In grete Werkis Wise consil to beleue
Thingis derked to light hit doth Releue
A dissolute thing Vsed for plaisance
Thende therof torneth to displaisance
A ful smal gronde causeth often debate
And litle reyne doth a greet Wynd abate
He that is yong/and loueth Idelnesse
Lyghtly doth falle in noyeful heuynesse
Worldly richesse for to Wynne Wrongfully
Dooth in dangier bringue the soule & body
Better honneur is to haue & a good name
Than tresor riche,and more shal dure the fame
Takyng aduys Vpon a cause doubtable
Remembreth oon of thingis profitable
Worldly Richesse is had in grete chierte
Whenne deeth cometh,al that here left muste be
Speche to appynt With a sade contenance
SheWeth in man a prudent gouuernance
Dronkennesse sleeth the Wit soule and body
And maketh oon falle in Villain slugardy
A prudent man/that seeth Wel his offense
Taketh good hede after for the defense
A yongly man of chastisyng content
Is signe of grace & of a good entent

A louyng drede is better to endure
Than that. Whiche is constreigned by rigure
An hoost withouten a chief for capitaine
Is selden seen to good effect attaine
Fewe men there be of promys liberalle
But some of hem thay wole breke / or elles alle
Humylite is grete grace in noblesse
The lower hert / the higher men him dresse
Fool hardynesse and wenyng doth deceyue
Ful many aman. that can hit not perceyue
Woman & man to guider muche rownyng
May often cause suspecialse slandryng
Labeur in yongthe is a greet auantaige
For to defende in nede oon in his aige
In ruyn hit is aman put him to lore
But if he sette his wit & mynde therfore
A cruel Juge in auarice set depe
Stroyeth peuple. as wolues doon the shepe
Dangier hit is / in malice to abide
After that his ennemy hath hit aspide
To speke in tyme & refreigne at a poynct
Is signe of wit & setteth oon in good poynct
Hit is greet wit to abandonne the place
Where fureur is. if there be tyme & space
Selden is seen ony faueur to be
Bitwix oon riche. and oon in puerte
Litle languaige is best for oon to vse
For muche talkyng doth many aman confuse

Blame & reprief to haue is he worthy
That seeth the good, and Jugeth contrary
He, that may not euyl companye eschue
Yet at the left late him soone thens Remeue
Grete folye is in him, that taketh hede
Upon other/and not to his owen nede
Necessite at somtyme to consente
Causeth sampne greet trouble and torment
Repented hath many a creature
Thyng don alway, whiche in his hand was sure
Courtoise spekyng refreigneth ofte Ire
For to the hert hit is a greet plaisire
Often is seen aman in Indigence
To hygh estat comen by his diligence
Opinions with faueured sentence
Guideth the world more than braye scyence
There aughte noman to be fiers ne cruelle
For what may falle him self/he can not telle
Rather to bowe/than breke is profitable
Humylite is a thing commendable
He is a fool, that doth his charge enhance
Upon prompys without other substance
Hit sitteth not a woman to diffame
For vpon him self shal retorne the blame
For to forgete a yifte or courtosy
Sheweth ingratitude euydently
Sured maniere & fewe wordis wel sette
In women doth right wel/where thay be mette

Seruice in court is noo seur heritaige
Hit failleth ofte with litle auantaige
He·that spurneth ay al with violence
Vnto him self dooth moost grief & offence
To torne to Jape an Jniury or a wrong
Is greet wisdam to be vsed emoong
Goodly raisons not wel taken ne construe
Semeth floures caste emong bestis rude
A wrethheful man or oon in geleusye
Aughte haue noo truste·for often thay wole lye
Cruell spekyng in amatiere hayneuse
Apeth answer angry and despiteuse
There can noo good endure saison ne space
But oonly suche·as cam by goddis grace
Idele plaisirs vsed coustumably
Be harde to change/though thay be blame worthy
He that loueth euyl tales to reporte
To make debate semeth wel his disporte
Necessite·pouert and Indigence
Causeth many greet Inconuenience
A mene estat is better to entende
Than hygh climmyng lest that oon sone descende
Right to relesse somtyme is noo outraige
Soo that hit be for a more auantaige
In wel doyng haupyng a trewe Renon
Bringueth a man to gode conclusion
Foryeting god for this worldis richesse
Sheweth noo faith·but slauthe & grete latchesse

There is noo thing so riche J you enseur
As the seruice of god oure createur
Litle vailleth good exemple to see
For him, that wole not the contraire flee
Though that the deeth to vs be lamentable
Hit to Remembre is thing moost conuenable
Thenne doth shewe euery werk, as hit is
Woo may he be, that to god enditeh mys

       Explicit

Of these sayynges Cristyne was auctoresse
Whiche in makyng hadde suche Intelligence
That therof she was mireur & maistresse
Hire werkes testifie thexperience
Jn frenssh languaige was writen this sentence
And thus Englisshed doth hit rehers
Antoin wideuylle therl Ryuers

Go thou litil quayer, and recomaunde me
Vnto the good grace, of my special lorde
Therle Ryueris, for J haue enprinted the
At his comandement, folowyng euery worde
His coppe, as his secretaire can recorde
At Westmestre, of feuerer the, xx, daye
And of kyng Edward, the, xvij, yere braye

      Enprinted by Caxton
      Jn feuerer the colde season